Sybille Hein

GROSSE SIND SCHISSER

Sybille Hein

GROSSE sind SCHISSER

Hanser

Alleine in unseren Familien versammeln
sich eine Menge Schlotterbacken,
Angstbeutel, Hosenscheißer und
Hosenscheißerinnen!

meine Familie

Adams Familie

Neles Familie

Von außen sieht man ihnen das natürlich nicht an.
Guckt mal.

Mein Onkel Baran ist ein riesiger Kerl, stößt an jede Lampe und kann mich und meine drei Cousins auf seinen Armen in die Höhe stemmen. Aber wenn er zum Zahnarzt muss, pinkelt er sich fast in die Hose vor Angst. Manchmal versteckt er sich im Schrank, bis Oma ihn an die Hand nimmt und in die Zahnarztpraxis schleppt.

Neles Tante fürchtet sich vor
Freitagen, Kaffeetassen und
schwarzen Katzen. Wenn unser
schwarzer Kater an einem
Freitagmorgen durch
das Treppenhaus
läuft und ihren
Weg kreuzt,
fängt ihr Herz
so laut an zu
klopfen, dass
man es im
ganzen Haus
hören kann.

BUM.
 BUM.
  BUM.
   BUM.
    BUM.
     BUM.

Adams Oma hat Angst vor Handys.
Adams Opa hat Angst vor Haaren. Oder vor
Frauen? Ganz sicher sind wir uns nicht.

kille, kille

Und selbst unsere Eltern sind riesige Schisser.

Wenn sie uns klettern sehen –
aus dem Fenster raus in den Hof,
die alte Feuerleiter am Wasserturm
hoch, auf die uralten, dicken Bäume
im Park –, stehen sie kreischend daneben.

Dabei sind wir Kinder noch nie, nie, nie,
nie, nie irgendwo heruntergefallen.

Anfangs dachten wir, es liegt
an unseren Familien.
So wie sich in anderen Familien
Kartoffelnasen, Segelohren
oder komische Haarwirbel häufen,
gibt es bei uns jede Menge Angsthasen.
Dabei leben in unserem Haus ganz viele
unterschiedliche Erwachsene. Alte, junge, große, kleine,
dicke, dünne ... und überhaupt Erwachsene aus allen Ecken
der Welt. Und trotzdem: Hasenfüße, wo man hinguckt!

Erna Wuttke

Onkel Baran

Ute Mayers (3. Stock)

Gestern lagen Nele, Adam und ich
unter der Bank im Hof. Wir haben unser
Lieblingsspiel gespielt: Füße raten.

Dann plötzlich ein lauter Schrei.

»Ahhhhhhh!

Eine Maus«, brüllte Herr Pamuk und
wedelte mit den Armen - als wollte er
aus dem Hof fliegen.
»Da! Da-da-da-da-daaaaa! Eine Maus in
unserem Hof!!«
Ein niedliches, pelziges Ding flitzte über
seine nackten Füße, durchpflügte den
Kartoffelschalenberg von Erna Wuttke,
umrundete ein paar Blumentöpfe und
tauchte hinter einer rostigen Gießkanne
wieder auf.

HI!

Und wisst ihr was? Ehe wir Kinder uns versahen,
sprangen alle Erwachsenen kreischend über den Hof.
Sie brachten sich auf Fensterbänken in Sicherheit
und hangelten sich an Regenrinnen empor.
Warum nur?
Was soll denn passieren?
Dass Mäuse Menschen fressen?

Ständig gruseln Große sich vor ungefährlichen Sachen: vor Mäusen und Katzen, vor hohen Bäumen und dreckigen Kaffeetassen, vor Haaren, vor komischen Wochentagen. Ich habe Erwachsene erlebt, die sich vor Dreck fürchten, vor Pommes, vor Kühen, vor Kindern und sogar vor Bärten.

Verrückt, oder?

Der Bärte-Bammel ist allerdings so eine Sache, die gibt's nur hier.

Wo ich geboren bin, tragen fast alle Männer Bärte. Papa und Opa streiten stundenlang, wer den schönsten Bart der Familie hat.

Und mal ehrlich, Bärte sind ungemein praktisch. Früher habe ich Murmeln in Papas Bart versteckt und Schatzkarten. Wer in einem Bart wühlt, findet immer was zum Naschen. Wenn ich groß bin, werde ich auch einen Bart tragen.

Aber Erna Wuttke aus unserem Haus
kriegt Schnappatmung, wenn sie
bärtige Männer sieht. Dann wird sie bleich
wie Mehl und bibbert am ganzen Körper.
Einmal hat sie Papa und Onkel Baran vor
Schreck die Tür vor der Nase zugeschlagen.

»Ahhhhhh!!!!!«
BUMM!

Erwachsene sind solche Schisser!

Klar, manchmal gruseln wir Kinder uns auch ein bisschen.
Nele vor Skeletten und Kränen.
Adam findet ganz kleine Hunde unheimlich
und das Hörgerät von seiner Oma ...

Hi, hi, hi

Und ich hatte eine Zeit lang wirklich Schiss vor der alten Erna Wuttke.

Aber keiner von uns pinkelt sich gleich in die Hose dabei. Weglaufen bringt auch nichts. Die Angst kommt überall mit hin und pustet einem Bilder in den Kopf, die gar nicht stimmen.
Bei mir auch. Ich schwör's!
Stichwort: Gruseloma!

Adam hat mal gesagt, die Angst
trickst man nur aus, wenn man ihr
ganz dicht auf die Pelle rückt!

Näher und immer näher, bis man
ihr in den Bauch pieksen kann.

Und das stimmt.

Zwei Tage später bin ich Erna Wuttke ganz dicht auf die Pelle gerückt. Stundenlang sind Adam, Nele und ich ihr hinterhergeschlichen.

Und wisst ihr, was dabei herausgekommen ist?

Erna Wuttke ist keine Gruseloma – Erna Wuttke ist eine Wuseloma.

Von früh bis spät wuselt sie herum.
In ihrer kleinen Wohnung. Durch unsere
Straße, bis zu einem Schrebergarten,
wo sie zwei Hühner hat, ein paar Obst-
bäume, drei Freundinnen und einen
Schrank voller alter Hüte.

Und ständig nascht sie
Kräuterbonbons.

Einmal ist sie sogar auf das Dach ihrer Datsche geklettert und hat eine Katze gerettet.

»Poah!«, hat Nele geflüstert.

»Voll mutig!«, hat Adam gesagt.

Und ich habe gedacht, wer ohne Angst auf Dächer kraxelt, der muss sich wirklich nicht vor Bärten fürchten.

Und dann hatte ich eine Idee.

Ernaaaaa!!!

Tock
Tock
tock

Am dritten Tag stehe ich mit Nele
und Adam vor Erna Wuttkes Wohnungstür.
Wir klopfen an. Tock! Tock! Tock!
Erna Wuttke öffnet uns.

»Nanu, ist Fasching?«, ruft sie.
»Nee, nee ... wir wollen dich von
deinem Bärte-Bammel befreien!«,
sagt Adam und drängt an ihr vorbei
in den Flur hinein. Wir anderen hinterher.
Erna Wuttke hält uns nicht auf.

Und was passiert dann?

Na, was wohl?
Wir schleppen Erna Wuttke ganz viele
Bärte ins Wohnzimmer.

Bärte von hier. Bärte von dort.
Alte Bärte, neue Bärte.
Der Bart vom Weihnachtsmann ist auch dabei.
»Mit Mehl weiß eingefärbt!«, ruft Nele.
»Mein Urgroßvater hat einen Ochsen am
Bart aus dem Dorfteich gezogen!«, prahlt Adam.
»Donnerwetter«, ruft Erna Wuttke.
»Und wisst ihr, was meine Mama manchmal
zu Papas Bart sagt?«, frage ich.
»Popelbremse?«, sagt Erna Wuttke.

Da lachen wir alle, und Erna Wuttke klebt
sich auch einen Bart an.
Den struppigsten von allen.

Erwachsene sind solche Schisser. Gut, wenn wir Kinder ihnen hin und wieder ein bisschen Mut in ihre Köpfe und Bäuche schnipsen.
Schnips!

»Es gibt keine Grenzen.
Weder für Gedanken, noch für Gefühle.
Es ist die Angst, die immer Grenzen setzt.«

Ingmar Bergman

SYBILLE HEIN, 1970 geboren, studierte Philosophie »halb«, Illustration »ganz« und tourte als Kabarettistin über die Bühnen der Lande. Heute wohnt sie mit ihrer Familie in Berlin. Sie schreibt Bücher für Große und Kleine, Hörspiele, satirische Texte und subversive Lieder und denkt sich regelmäßig Trickfilme für die »Sendung mit dem Elefanten« aus. Bei Hanser erschienen ihre Illustrationen zu Claudia Schreibers Kinderbüchern Sultan und Kotzbrocken (2004) und Sultan und Kotzbrocken in einer Welt ohne Kissen (2014), 2016 folgte ihr Bilderbuch Prinz Bummelletzter und 2019 das Kinderbuch Luca und Ludmilla. Zu Lesen ist doof von Nils Freytag und Silke Schlichtmann (2023) steuerte sie eine Illustration bei. Seit 2024 illustriert sie die Kinderbuchreihe Wir sind (die) Weltklasse von Tanya Lieske.

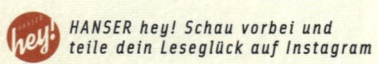 *HANSER hey! Schau vorbei und teile dein Leseglück auf Instagram*

1. Auflage 2025

ISBN 978-3-446-28261-2
© 2025 Carl Hanser Verlag GmbH & Co. KG, München
Wir behalten uns auch eine Nutzung des Werks für Zwecke des Text und Data Mining nach § 44b UrhG ausdrücklich vor.
Umschlag: Sybille Hein, Berlin
Satz im Verlag
Druck und Bindung: PNB Print Ltd., Silakrogs
Printed in Latvia

 MIX
Papier | Fördert
gute Waldnutzung
FSC® C084698